Christian Kahl

# Der Erfolgreiche E-Entrepreneur - Persönlichkeitsprofil

GRIN Verlag

**Bibliografische Information der Deutschen Nationalbibliothek:**

Die Deutsche Bibliothek verzeichnet diese Publikation in der Deutschen National-
bibliografie; detaillierte bibliografische Daten sind im Internet über http://dnb.d-
nb.de/ abrufbar.

**Impressum:**

Copyright © 2006 GRIN Verlag GmbH
Druck und Bindung: Books on Demand GmbH, Norderstedt Germany
ISBN: 978-3-638-80660-2

**Dieses Buch bei GRIN:**

http://www.grin.com/de/e-book/52348/der-erfolgreiche-e-entrepreneur-persoen-
lichkeitsprofil

**GRIN - Your knowledge has value**

Der GRIN Verlag publiziert seit 1998 wissenschaftliche Arbeiten von Studenten, Hochschullehrern und anderen Akademikern als eBook und gedrucktes Buch. Die Verlagswebsite www.grin.com ist die ideale Plattform zur Veröffentlichung von Hausarbeiten, Abschlussarbeiten, wissenschaftlichen Aufsätzen, Dissertationen und Fachbüchern.

**Besuchen Sie uns im Internet:**

http://www.grin.com/

http://www.facebook.com/grincom

http://www.twitter.com/grin_com

Christian Kahl

# Der erfolgreiche E-Entrepreneur -
# Persönlichkeitsprofil

**Seminararbeit**

Januar 2006

# Inhalt

## Abbildungsverzeichnis

# 1 Einführung

Die Gründung eines Unternehmens stellt einen komplexen Prozess dar. Dies gilt nicht nur, aber gerade auch für eine Gründung in der Informationsökonomie, der so genannten Net Economy. Hier handelt es sich vielfach um unsichere Märkte mit großen Chancen aber auch großen Risiken, während gleichzeitig wenig Erfahrungen im Umgang mit Gründungen dort bestehen.

Da der Entrepreneur im Prozess der Gründung eine besondere Rolle spielt, liegt es nahe, sich damit auseinanderzusetzen, was einen erfolgreichen Entrepreneur kennzeichnet.

Die vorliegende Arbeit setzt sich in diesem Zusammenhang mit dem Persönlichkeitsprofil von E-Entrepreneuren, also Entrepreneuren in der Net Economy, auseinander. Ihr zugrunde liegen die Fragen, was erfolgreiche Entrepreneure, speziell in der Net Economy, im Bezug auf ihre Persönlichkeit auszeichnet und in wie weit sich die Persönlichkeit des Entrepreneurs auf den Erfolg einer Unternehmensgründung auswirkt.

Die Arbeit gliedert sich in zwei Teile. Im ersten Teil „Die Person des Entrepreneurs", geht es zunächst schwerpunktmäßig darum, die für Entrepreneure allgemein und für E-Entrepreneure im Besonderen, wichtigen Persönlichkeitsmerkmale herauszuarbeiten und ihre Bedeutung im Einzelnen darzustellen. Hier wird auch eine Einordnung des Faktors Persönlichkeit in den Zusammenhang der Anderen, eine Person kennzeichnenden Faktoren, erfolgen. Abbildung 1.1 zeigt den Gesamtkontext der behandelten Aspekte.

Im Teil „Die Unternehmensgründung im Kontext" wird dann die Frage im Mittelpunkt stehen, wie stark die Persönlichkeit einen Einfluss auf den Erfolg des Entrepreneurs hat und welche weiteren Faktoren diesen beeinflussen.

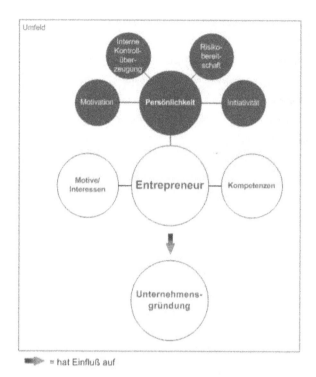

= hat Einfluß auf

Abbildung 1: Der Entrepreneur im Kontext

## 1.1 Begriffsabgrenzungen

Bevor das Persönlichkeitsprofil von E-Entrepreneuren näher betrachtet werden kann, sollte zuerst deutlich werden, was gemeint ist wenn man von einer erfolgreichen Unternehmensgründung spricht und wie sich Erfolg definiert, sofern man ihn als Ziel einer Unternehmensgründung voraussetzt.

Grundsätzlich kann Erfolg im Kontext von Unternehmensgründungen sehr unterschiedlich definiert werden. Während eine Gründung aus gesamtwirtschaftlicher Sicht als erfolgreich bezeichnet werden kann, wenn durch sie dauerhafte, qualifizierte Arbeitsplätze geschaffen werden, so stehen aus Sicht des Gründers eher Größen wie Gewinn, oder erzielbares Einkommen als Erfolgsmaßstab im Vordergrund[1], also eine Erfüllung dessen, was als Motive oder Ziele des Unternehmensgründers betrachtet werden kann.

Die Art des Erfolges und die damit verbundenen Ziele können sich daher im Einzelfall und abhängig vom Gründer unterschiedlich gestalten[2].

Auch der Begriff Entrepreneur wird in der Literatur nicht in einheitlicher Form definiert und verwendet. Im Folgenden werden die Begriffe Unternehmensgründer, Gründer und Entrepreneur synonym verwendet.

---

[1] Vgl. *Klandt* (1999), S.7
[2] Vgl. *Klandt* (1999), S.9

## 2 Die Person des Entrepreneurs

In diesem Abschnitt werden zunächst die wesentlichen Faktoren erläutert, welche die Person des Entrepreneurs ausmachen. Dabei handelt es sich, in Anlehnung an *Kollmann*[3] und *Gese/Klandt*[4], um die Motive und Interessen, die Persönlichkeitsmerkmale und die Kompetenzen.

Bei den Betrachtungen im Rahmen dieser Arbeit, stehen die Merkmale im Mittelpunkt, welche die Persönlichkeit eines Entrepreneurs im Allgemeinen kennzeichnen. In diesem Zusammenhang wird es auch um Möglichkeiten gehen, wie ein Entrepreneur sein eigenes Persönlichkeitsprofil erkennen und gezielt daran arbeiten kann. Auf den Faktor Kompetenzen soll hier nur kurz und nur im Bezug zur Net Economy eingegangen werden.

Die drei genannten Faktoren sind unabhängig von der Branche, in der eine Unternehmensgründung erfolgt und gelten deshalb genauso für Gründungen in der Net Economy, wie in der Real Economy[5]. Erfolgt eine Gründung in der Net Economy, so bestehen an den Entrepreneur außerdem spezielle Anforderungen. Diese gehen über die normalen Anforderungen an Unternehmensgründer hinaus, wie sie im Bezug auf Persönlichkeit und Kompetenzen in diesem Abschnitt betrachtet und dargestellt werden. Auch diese Besonderheiten der Net Economy werden hier berücksichtigt.

### 2.1 Motive und Interessen

Die Motive und die Interessen stellen den Ersten, im Kontext einer Gründung relevanten Faktor, bezogen auf die Person des Unternehmensgründers dar. Die Motive und Interessen des Gründers sind als Ausgangspunkt für die Gründung eines Unternehmens zu betrachten. Ihnen wird zum Teil auch ein Einfluss auf den Erfolg der Gründung zugeschrieben. Vor allem die Motive, werden als erfolgswirksam angesehen, weil sie den Gründer dazu bringen sich in größerem Maße für seine Aufgabe zu engagieren und die Identifikation mit selbiger erhöhen[6].

---

[3] Vgl. *Kollmann* (2004), S.35
[4] Vgl. *Gese/Klandt* (2003), S.153
[5] Vgl. *Kollmann* (2004), S.35
[6] Vgl. *Gese/Klandt* (2003), S.155; *Kollmann* (2004), S.39

Generell kann unterschieden werden, zwischen ökonomischen und nicht-ökonomischen Motiven. Zu den ökonomischen zählen, wie bereits kurz erwähnt, beispielsweise der Gewinn oder das erzielbare Einkommen[7].

Finanzieller Erfolg muss allerdings, wie etwa *Dieterle et al.*, *Burns*[8] und *Klandt*[9] übereinstimmend feststellen, nicht das ausschlaggebende Motiv sein. Oftmals ist es vielmehr das Bestreben, etwas erreichen oder etwas leisten zu wollen, welches den Gründer motiviert. Hier zeigt sich der Bezug zu nicht-ökonomischen Motiven, wie dem Streben nach Unabhängigkeit oder nach Leistung sowie dem Wunsch nach Anerkennung und Prestige. Vielfach haben die nicht-ökonomischen Motive für den Gründer Vorrang vor ökonomischen. Ökonomische Motive, wie etwa der Gewinn, dienen eher als Mittel um ein nicht-ökonomisches Erfolgsziel, wie zum Beispiel Unabhängigkeit, zu erreichen[10] beziehungsweise werden lediglich als Kennzeichen oder Maßstab einer erbrachten Leistung gesehen[11].

Das bereits genannte Streben nach Unabhängigkeit, stellt ein in der Literatur häufig genanntes nicht-ökonomisches Motiv dar[12]. Unternehmensgründer sind im Besonderen Maße dadurch gekennzeichnet, dass sie verstärkt die eigene Unabhängigkeit suchen. Sie wollen sich nicht durch vorgegebene Strukturen, wie sie etwa in großen Unternehmen und Organisationen existieren, einengen lassen, sondern streben nach Möglichkeiten zur Selbstentfaltung. Unabhängigkeitsstreben ist allerdings nicht erfolgswirksam, dass bedeutet es hat keinen Einfluss auf den Erfolg eines Gründers[13].

## 2.2 Persönlichkeitsmerkmale

In der Literatur werden Entrepreneure mit einer Vielzahl von Eigenschaften beschrieben, welche als kennzeichnend für das Wesen eines Entrepreneurs angesehen werden.

---

[7] Vgl. *Klandt* (1999), S.8
[8] Vgl. *Dieterle et al.* (1990), S.31; *Burns* (2001), S.28
[9] Vgl. *Klandt* (1999), S.13
[10] Vgl. *Klandt* (1999), S.8
[11] Vgl. *Burns* (2001), S.28
[12] Vgl. *Fueglistaller et al.* (2004), S.41; *Burns* (2001), S.27
[13] Vgl. *Dieterle et al.* (1990), S.31f; *Klandt* (1999), S.13

Die dort identifizierten Eigenschaften variieren zwar je nach Veröffentlichung, es können allerdings bestimmte Eigenschaften hervorgehoben werden, welche von einer Vielzahl von Autoren als charakteristisch angesehen werden. Dabei lassen sich die vier Kerneigenschaften Motivation, interne Kontrollüberzeugung, Risikobereitschaft und Initiativität hervorheben, mit denen sich die folgenden Abschnitte, auch im Hinblick auf eine eventuelle Erfolgswirksamkeit, näher auseinandersetzen. Diese vier, lassen sich durch weitere Eigenschaften ergänzen, die im Anschluss betrachtet werden.

## 2.2.1 Motivation

Die Motivation wird teilweise auch als Leistungswille oder Leistungsmotivation bezeichnet und stellt eines der wesentlichen Charakteristika der Persönlichkeit von Entrepreneuren dar.

Gemeint ist eine Motivation, die im Sinne einer treibenden Kraft hinter den Bemühungen des Gründers zu verstehen ist[14]. Bei Entrepreneuren zeigt sich der verstärkte Wille etwas erreichen zu wollen und eine entsprechend erhöhte Leistungsbereitschaft oder auch Motivation[15]. In diesem Sinne lässt sich Motivation als Leistungswille und Grundeinstellung des Entrepreneurs, auch abgrenzen von den Motiven, welche eher Zielcharakter haben.

Internationale Studien kommen darüber hinaus zu dem Ergebnis, dass Entrepreneure auch durch den Effizienzgedanken, also dem Wunsch etwas besser, schneller oder in einfacherer Form zu machen, motiviert sind. Gleichzeitig suchen sie den Wettbewerb zu Anderen, um ihre Leistungsfähigkeit unter Beweis stellen zu können[16].

Nach *Dieterle et al.*[17] verfügen Unternehmensgründer zudem über ein höheres Maß an Leistungsmotivation, als andere Personen oder gesellschaftliche Gruppen. Entrepreneure sind umso erfolgreicher, je stärker ausgeprägt diese Eigenschaft bei ihnen ist[18].

---

[14] Vgl. *Burns* (2001), S.27
[15] Vgl. *Kollmann* (2004), S.37
[16] Vgl. *Fueglistaller et al.* (2004), S.40; *Klandt* (1999), S.13
[17] Vgl. *Dieterle et al.* (1990), S.31
[18] Vgl. *Klandt* (1999), S.13

## 2.2.2 Interne Kontrollüberzeugung

Entrepreneure müssen an sich selbst und an den eigenen Erfolg glauben. Dieser Glaube an die eigenen Möglichkeiten, daran, selbst etwas erreichen zu können ohne auf Glück oder Schicksal angewiesen zu sein[19], wird in der Literatur vielfach mit den Begriffen interne Kontrollüberzeugung und Selbstwirksamkeit bezeichnet[20].

Die interne Kontrollüberzeugung ist eng verknüpft mit dem Faktor Selbstbewusstsein. Beide sind charakteristisch für Entrepreneure und repräsentieren elementare Voraussetzungen dafür, dass Jemand ein Unternehmen gründet und das er Andere vom Erfolg der eigenen Idee überzeugen kann[21]. Dies gilt auch deshalb, weil der Entrepreneur eine Vorbildfunktion, insbesondere für seine Mitarbeiter einnimmt[22].

Die interne Kontrollüberzeugung und das Selbstbewusstsein eines Gründers werden in besonderer Weise als erfolgswirksam eingestuft. *Klandt*[23] stellt dazu fest, dass unter Gründern jene erfolgreicher sind, die selbstbewusster und zuversichtlicher sind als andere. Die Überzeugung, selbst etwas bewegen und seine Ideen gegen Risiken und Probleme umsetzen zu können, hat demnach starke Auswirkungen auf den Gründungserfolg[24]. Wer als Unternehmensgründer von seiner Idee und der internen Kontrolle überzeugt ist, nimmt Risiken und Fehler in Kauf, um seine Ziele zu erreichen[25].

Allerdings darf Selbstbewusstsein nicht zu Selbstüberschätzung oder Arroganz führen, da dies auch eine Gefahr für das Unternehmen darstellen kann[26].

## 2.2.3 Risikobereitschaft

Normalerweise liegt es in der Natur des Menschen, Unsicherheiten und Risiken zu reduzieren oder wenn möglich zu vermeiden. Das betrifft insbesondere solche Risiken, die das Einkommen respektive die Arbeit betreffen[27].

---

[19] Vgl. *Hammer* (2005), S.38; *Klandt* (1999), S.14
[20] Vgl. *Fueglistaller et al.* (2004), S.40; *Dieterle et al.* (1990), S.32; *Wehling* (2002), S.84f
[21] Vgl. *Dieterle et al.* (1990), S.32
[22] Vgl. *Burns* (2001), S.31
[23] Vgl. *Klandt* (1999), S.14
[24] Vgl. *Fueglistaller et al.* (2004), S.41
[25] Vgl. *Kollmann* (2004), S.38
[26] Vgl. *Burns* (2001), S.31
[27] Vgl. *Burns* (2001), S.28

Unternehmensgründungen sind aber geprägt von ständig wechselnden Situationen und sie sind demzufolge mit zahlreichen Risiken verbunden[28]. Dies gilt nach *Kollmann*[29] gerade für Gründungen in der Net Economy, da diese häufig mit einer hohen Komplexität und daraus resultierend hohen Unsicherheiten und Risiken verbunden sind.

Somit müssen nicht nur E-Entrepreneure bereit sein, Risiken einzugehen während sie gleichzeitig fähig sein müssen, diese erkennen, einschätzen und mit ihnen umgehen zu können. Ein entscheidender Grund dafür ist, dass Unternehmensgründer viele Faktoren und damit auch viele potenzielle Risiken, von denen der Erfolg ihres Gründungsvorhabens abhängt, nicht direkt beeinflussen können[30].

Vor diesem Hintergrund zeichnen sich Entrepreneure aus, durch eine höhere Bereitschaft, Risiken auf sich zu nehmen und zu bewältigen als andere Menschen[31], gerade dann wenn mit den Risiken Chancen verbunden sind, die einen hohen Nutzen versprechen[32].

Dieses zum Teil auch als Risikofreudigkeit oder Risikoneigung beschriebene Verhalten bedeutet aber nicht, dass Entrepreneure freiwillig unnötige Risiken eingehen. Vielmehr sind sie nach *Dieterle et al.*[33] trotzdem immer bemüht, Risiken möglichst gering zu halten, auch deshalb, weil eine erhöhte Risikobereitschaft nicht automatisch mit mehr Erfolg einher geht[34].

### 2.2.4   Initiativität

Entrepreneure zeigen ein hohes Maß an Initiative. Sie wollen sich nicht auf ihr Glück verlassen, daher handeln sie aktiv statt reaktiv. Insbesondere ist es ihr Anliegen, Chancen zu nutzen solange sich diese bieten, weshalb Entrepreneure ebenfalls als sehr entscheidungsfreudig charakterisiert werden können[35].

Hinzu kommt, dass Entrepreneure als unternehmungsfreudig und gesellig sowie als gerne im Mittelpunkt stehend beschrieben werden.

---

[28] Vgl. *Fueglistaller et al.* (2004), S.41; *Burns* (2001), S.33
[29] Vgl. *Kollmann* (2004), S.43
[30] Vgl. *Burns* (2001), S.29
[31] Vgl. *Hammer* (2005), S.38; *Burns* (2001), S.29
[32] Vgl. *Kollmann* (2004), S.37
[33] Vgl. *Dieterle et al.* (1990), S.31
[34] Vgl. *Klandt* (1999), S.13
[35] Vgl. *Burns* (2001), S.32

Sie sind also auch in sozialer Hinsicht initiativ, gleichzeitig aber ebenso durch Merkmale wie starken Individualismus, eine geistig moralische Unabhängigkeit, geringe Normenorientierung und Spontaneität[36] sowie ein gewisses Maß an Charisma[37] geprägt. Da letzteres als eigenständiges und bedeutendes Merkmal aufgefasst werden kann, soll es im Folgenden noch näher betrachtet werden.

Bezüglich der Erfolgsrelevanz lässt sich festhalten, dass Entrepreneure mit überdurchschnittlich stark ausgeprägter Initiativität besonders erfolgreich sind[38].

## 2.2.5 Weitere Eigenschaften

Fasst man die aufgeführten Kerneigenschaften zusammen, so lässt sich feststellen, dass der Entrepreneur zunächst gekennzeichnet ist durch ein Motiv, aus dem heraus er handelt. Weiterhin muss er vom Erfolg seines Handelns überzeugt sein und er muss Initiativ genug sein, um von sich aus die notwendigen Schritte zur Umsetzung seiner Ideen zu unternehmen. Gleichzeitig ist eine Bereitschaft des Gründers erforderlich, Risiken auf sich zu nehmen und diese zu bewältigen.

Ein erweitertes Persönlichkeitsprofil von Entrepreneuren umfasst jedoch noch zusätzliche Eigenschaften, welche die bereits dargestellten Kerneigenschaften ergänzen.

Zu den charakteristischen Eigenschaften von Unternehmensgründern zählt *Wehling*[39] beispielsweise das Charisma eines Entrepreneurs. Das Charisma hat in der Gründungsphase entscheidenden Einfluss auf den Erfolg der Gründung. Der Grund liegt darin, dass eine Unternehmensgründung oftmals intuitiv und improvisiert beginnt, und durch das Charisma und die Begeisterung des Gründers am Leben erhalten wird, da ein charismatischer Entrepreneur eher in der Lage ist, andere Personen für seine Ideen zu begeistern und den eigenen Enthusiasmus auf andere zu übertragen[40].

---

[36] Vgl. *Dieterle et al.* (1990), S.32; *Klandt* (1999), S.14
[37] Vgl. *Wehling* (2002), S.72
[38] Vgl. *Dieterle et al.* (1990), S.32
[39] Vgl. *Wehling* (2002), S.72
[40] Vgl. *Wehling* (2002), S.73f

Das Charisma des Entrepreneurs hat außerdem Auswirkungen auf die Form und die institutionelle Struktur des Unternehmens. Charismatische Entrepreneure haben die Möglichkeit, die institutionelle Struktur ihres Unternehmens frühzeitig und dauerhaft zu prägen[41].

Weniger eindeutig bewertet wird die Rolle des Faktors Intelligenz für den Entrepreneur. Während *Wehling*[42] Intelligenz als charakteristisches Merkmal sieht, welches logisches Denken, Abstraktionsvermögen und Auffassungsgabe umfasst, teilen andere Autoren diese Ansicht nicht. So ist etwa *Klandt*[43] der Auffassung, dass sich Entrepreneure bezüglich der Intelligenz nicht besonders von ihren Mitmenschen unterscheiden, es aber auch gar keines überdurchschnittlichen Grades an Intelligenz bedarf, um als Gründer erfolgreich zu sein.

Als wichtiger wird in diesem Zusammenhang etwa von *Dieterle et al.*[44] und *Klandt*[45] übereinstimmend die Eigenschaft „Gesunder Menschenverstand" angeführt. Damit ist ein realistisches Urteilsvermögen gemeint, das in Kombination mit der Fähigkeit, mit komplexen, und wenig transparenten Problemen umgehen zu können, wichtig für den Unternehmensgründer ist, um seine Ideen erfolgreich umsetzen zu können. Hier spielt auch Kreativität als weiteres wichtiges Persönlichkeitsmerkmal eine Rolle.

Kreativität kann in diesem Fall verstanden werden als divergentes, innovatives und visionäres denken und handeln[46]. Dies ist von großer Bedeutung, aufgrund der bereits erwähnten ständig neuen Situationen, mit denen der Unternehmer sich konfrontiert sieht und bedingt durch die Vielseitigkeit der Aufgaben und Herausforderungen, denen er sich stellen muss.

Da sich Situationen und Herausforderungen zudem oft mit großer Geschwindigkeit verändern, werden des Weiteren immer wieder eine physische und psychische Belastbarkeit und Flexibilität als erforderlich und charakteristisch für Unternehmensgründer angesehen[47].

---

[41] Vgl. *Wehling* (2002), S.74f
[42] Vgl. *Wehling* (2002), S.85
[43] Vgl. *Klandt* (1999), S.15
[44] Vgl. *Dieterle et al.* (1990), S.33
[45] Vgl. *Klandt* (1999), S.15
[46] Vgl. *Klandt* (1999), S.15
[47] Vgl. *Hammer* (2005), S.40; *Wehling* (2002), S.84f; *Kollmann* (2004), S.37

Diese Eigenschaften sind notwendig, weil die Gründung und Führung eines Unternehmens an den einzelnen Gründer in dieser Hinsicht hohe Anforderungen stellt, nicht zuletzt da die Aufgabe für ihn mit einem enormen Arbeits- und Zeitaufwand verbunden ist[48].

Eine Eigenschaft, die mit Entrepreneuren wie auch mit Unternehmern generell oft assoziiert wird, ist das Machtbewusstsein. Diese zum Teil auch als „Machthunger" bezeichnete Eigenschaft ist aber, wie zum Beispiel *Dieterle et al.*[49] bemerkt, kein Charakteristikum von Unternehmern. Das bedeutet, Unternehmer und Entrepreneure haben kein zwangsläufig stärker ausgeprägtes Machtbewusstsein als andere Menschen. Andererseits sind unter Entrepreneuren aber nach *Klandt*[50] die erfolgreicher, welche ein stärkeres Machtbewusstsein aufweisen.

## 2.2.6 Erkennung und Entwicklung der Persönlichkeit

In den unterschiedlichen Phasen des Gründungsprozesses, die als Vorgründungsphase, Anlaufphase, Aufbauphase sowie (Früh-) Entwicklungsphase bezeichnet werden können, muss sich der Gründer ständig unterschiedlichen Problemen stellen. Aufgrund der Bedeutung des Entrepreneurs als Individuum im Rahmen der Gründung, ist es um erfolgreich zu sein notwendig, sich ständig weiterzuentwickeln und den Erfordernissen anzupassen[51].

Des Weiteren stellt sich im Kontext der Erkennung und Entwicklung der Persönlichkeit aber auch die Frage, in wie weit Personen, welche nicht über die für Unternehmensgründer charakteristischen Eigenschaften verfügen, geeignet sind ein Unternehmen zu gründen. Hierzu stellt unter anderem *Fueglistaller et al*[52] fest, dass fehlende typische oder vorhandene negative Charakterzüge, das heißt Charakterzüge, die im Allgemeinen nicht zu den charakteristischen Merkmalen eines Gründers gezählt werden, nicht zwangsläufig bedeuten müssen, dass eine Gründung in einem solchen Fall ohne Erfolg verliefe.

---

[48] Vgl. *Fueglistaller et al.* (2004), S.46
[49] Vgl. *Dieterle et al.* (1990), S.32
[50] Vgl. *Klandt* (1999), S.14
[51] Vgl. *Wehling* (2002), S.79f
[52] Vgl. *Fueglistaller et al.* (2004), S.41f; *Kollmann* (2004), S.36

Voraussetzung für eine positive Persönlichkeitsentwicklung ist generell, dass der Entrepreneur erkennt, welche Eigenschaften die eigene Persönlichkeit ausmachen, welche Stärken und Schwächen sein Persönlichkeitsprofil aufweist und wie diese im Kontext der konkreten Unternehmensgründung zu gewichten sind[53]. Hierzu existieren verschiedene Möglichkeiten, etwa die Verwendung von Selbsttests[54] oder Checklisten[55], anhand derer der potenzielle Gründer erkennen soll, in wie fern er über erforderliche Persönlichkeitsmerkmale verfügt.

Im Anschluss an die Erstellung eines eigenen Persönlichkeitsprofils, muss der Gründer entscheiden, welche Eigenschaften von besonderer Relevanz sind und welche, mit dem Ziel sie den Erfordernissen anzupassen, weiterentwickelt werden sollen[56].

Dabei muss der Entrepreneur sich der Charakteristika und Fähigkeiten bewusst sein, die in den einzelnen Prozessen der Gründung erforderlich werden, beziehungsweise werden könnten. Eine Entwicklung der Unternehmerpersönlichkeit muss synchron mit diesen Prozessen im Unternehmen erfolgen, um den Erfolg der Gründung nicht zu gefährden. Daraus resultierend kann es beispielsweise sinnvoll sein, wenn der Gründer sich Prozesse und Entwicklungsstufen in einem Schaubild gegenüberstellt, um so feststellen zu können, welche Anforderungen an seine Person auf ihn zukommen[57].

An dieser Stelle ist zu berücksichtigen, dass eine Veränderung der eigenen Persönlichkeit oft nur bedingt oder nur über einen langen Zeitraum möglich ist. Daher stellt das gründen im Team eine geeignete Möglichkeit dar, Defizite im Persönlichkeits- oder Kompetenzprofil des Einzelnen Entrepreneurs zu kompensieren[58]. Durch den Zusammenschluss mehrerer Unternehmensgründer, lassen sich deren Potenziale verbinden und so eine positive Wirkung auf den Erfolg der Gründung beziehungsweise des Unternehmens erzielen.

---

[53] Vgl. *Wehling* (2002), S.86
[54] Vgl. *Dieterle et al.* (1990), S.36ff
[55] Vgl. *Hammer* (2005), S.41
[56] Vgl. *Wehling* (2002), S.80ff
[57] Vgl. *Wehling* (2002), S.80
[58] Vgl. *Fueglistaller et al.* (2004), S.42; *Kollmann* (2004), S.38

So können durch Gründungen im Team einerseits, bezogen auf die Persönlichkeit, mangelhaft ausgeprägte oder negative Persönlichkeitsmerkmale einzelner Gründer ebenso wie andererseits, bezogen auf die Kompetenzen, fehlende fachliche Kenntnisse eliminiert werden[59].

## 2.3 Kompetenzen

Der dritte bedeutende Faktor, der neben den Motiven und den Persönlichkeitsmerkmalen, einen Entrepreneur kennzeichnet, sind dessen Kompetenzen.

In der Net Economy ist nach *Kollmann*[60] fachbezogenes Wissen für den Entrepreneur von besonderer Relevanz. Damit ist vor allem das Wissen um Charakteristika und Besonderheiten der Informationsökonomie sowie mögliche Geschäftsmodelle und Plattformen gemeint. Hier geht es in erster Linie um Fähigkeiten und Kompetenzen, insbesondere in den Feldern der Informatik, Wirtschaftsinformatik und Betriebswirtschaftslehre.

Neben dem fachspezifischen Wissen ist es für den Entrepreneur in der Net Economy allerdings ebenso wichtig, über Teamfähigkeit zu verfügen, da Teamgründungen gerade in der Net Economy sehr häufig anzutreffen sind[61]. Folglich kann Teamfähigkeit, durchaus als grundlegende Voraussetzung, nicht nur für E-Entrepreneure und damit als Kernkompetenz betrachtet werden[62].

Weiterhin muss der Gründer darüber hinaus, neben den Fachkompetenzen, auch über soziale Kompetenzen verfügen[63].

---

[59] Vgl. *Kollmann* (2004), S.44ff
[60] Vgl. *Kollmann* (2004), S.43
[61] Vgl. *Kollmann* (2004), S.43
[62] Vgl. *Wehling* (2002), S.84ff
[63] Vgl. *Gese/Klandt* (2003), S.157

# 3 Die Unternehmensgründung im Kontext

Im Kontext einer Unternehmensgründung, gibt es eine Reihe von Einflussfaktoren, welche sich auf den Gründungsprozess auswirken[64]. Identifiziert werden können hier als generelle Einflussfaktoren nicht nur die Person des Entrepreneurs und dessen Persönlichkeit, sondern auch die Prozesse im Kontext der Unternehmensgründung sowie das Umfeld der Gründung[65]. Auf alle drei Faktoren soll nachstehend eingegangen werden.

## 3.1 Der Entrepreneur als Erfolgsfaktor

Der Entrepreneur bestimmt, insbesondere in der Anfangszeit einer Unternehmensgründung, maßgeblich den Erfolg seines Unternehmens[66]. In keiner späteren Phase, ist er mit seiner Persönlichkeit und seiner Kompetenz derart wichtig, wie in dieser Phase. Dabei muss er sich sowohl intern, beim Aufbau und der Gestaltung des neuen Unternehmens, als auch extern, bezüglich des Marktgeschehens, immer wieder neuen Herausforderungen und Problemen stellen[67].

Aus dieser Erkenntnis ergibt sich allerdings die Frage, ob und wie die Persönlichkeit des einzelnen Gründers sich auf dessen Erfolg auswirkt.

Die Persönlichkeitsmerkmale eines Entrepreneurs, lassen sich nach *Kollmann*[68] ebenso wie die weiteren in Abschnitt 2 beschriebenen Elemente, aus denen sich die Persönlichkeit zusammensetzt, zumindest Teilweise in Beziehung zur Erfolgswirksamkeit des Entrepreneurs setzen. Aus diesem Grund rückt die Person des Unternehmensgründers, sowie dessen Persönlichkeit und Kompetenzen zunehmend in den Fokus wissenschaftlicher Betrachtungen[69].

Die charakteristischen Merkmale einer Person haben aber vor allem Einfluss darauf, ob jemand seine Chance nutzt und in Form einer Unternehmensgründung realisiert[70].

---

[64] Vgl. *Wehling* (2002), S.19
[65] Vgl. *Burns* (2001), S.25; *Wehling* (2002), S.19
[66] Vgl. *Fueglistaller et al.* (2004), S.30; *Wehling* (2002), S.77; *Klandt* (1999), S.11
[67] Vgl. *Wehling* (2002), S.21
[68] Vgl. *Kollmann* (2004), S.35
[69] Vgl. *Wehling* (2002), S.77
[70] Vgl. *Fueglistaller et al.* (2004), S.36

Einige Persönlichkeitsmerkmale sind zwar, wie bereits in Abschnitt 2 dargestellt, erfolgswirksamer als andere, bezogen auf die Gesamtheit der Persönlichkeitsmerkmale lässt sich jedoch feststellen, dass der Erfolg eines Unternehmens respektive einer Unternehmensgründung, durch eine Vielzahl von Faktoren bestimmt wird, von denen die Persönlichkeit nur einen Teil darstellt. Weitere sind etwa die Strategie, die Handlungen des Entrepreneurs oder dessen Umwelt[71].

Hinzu kommt, dass die erfolgsrelevanten Faktoren, also auch die Persönlichkeitsmerkmale, in unterschiedlichen Kontexten eine andere Gewichtung bekommen können[72]. Die Gewichtung des Faktors Persönlichkeit, ist stark abhängig von der Art des Unternehmens, ebenso wie von dessen Branche. *Wehling*[73] führt hierzu beispielhaft an, dass die Persönlichkeit des Gründers, etwa bei einem Unternehmen im Consulting Bereich, insbesondere entscheidend für die Außenwirkung des Unternehmens ist. Dagegen ist die Gründerpersönlichkeit bei einem Versandhandel weniger ausschlaggebend für den Erfolg, da hier andere Faktoren, wie etwa die Kalkulation oder die Logistik von größerer Bedeutung sind.

Aufgrund der variierenden Umstände, in denen Unternehmensgründungen stattfinden, stellen sich somit immer wieder andere Anforderungen an Unternehmer und Gründer, weshalb diese entsprechend schwer einem Stereotyp zugeordnet werden können, auch wenn sie wie beschrieben oftmals über gewisse Charakteristika bezüglich ihrer Persönlichkeit verfügen. *Fueglistaller et al*[74] stellt hierzu dementsprechend fest: „Zur erfolgreichen Unternehmensgründung bedarf es immer einer Kombination aus dem richtigen Ort - einem inspirierenden Umfeld – und der richtigen Person, die motiviert und fähig ist, Chancen zu entdecken und daraus etwas zu machen."

Daher existiert kein Idealbild eines erfolgreichen Unternehmers. Das bedeutet, es werden in der Literatur keine übereinstimmenden und eindeutigen Persönlichkeitsmerkmale identifiziert, die sich auf den Erfolg auswirken[75].

---

[71] Vgl. *Burns* (2001), S.25
[72] Vgl. *Kollmann* (2004), S.36
[73] Vgl. *Wehling* (2002), S.82
[74] *Fueglistaller et al.* (2004), S.41
[75] Vgl. *Burns* (2001), S.25; *Kollmann* (2004), S.38

Wie groß der Anteil, vor allem der Persönlichkeitsmerkmale, am Gesamterfolg einer Unternehmensgründung ist, ist aus diesen Gründen nur schwer quantifizierbar[76] und wird demzufolge in der Literatur unterschiedlich bewertet. So verweist etwa *Burns*[77] darauf, dass mit Persönlichkeitsmerkmalen auch Probleme methodologischer Art verbunden sind. Sie lassen sich beispielsweise schlecht messen, und ihre Erfolgswirkung ist schwer zu isolieren.

## 3.2 Weitere Erfolgsfaktoren

Die Prozesse des neu gegründeten Unternehmens stellen einen weiteren wichtigen Einflussfaktor auf den Gründungserfolg dar[78]. In der Anfangsphase der Gründung, gestalten sich diese Prozesse in aller Regel zunächst sehr unstrukturiert. Aufgabe des Entrepreneurs ist es, die notwendigen Strukturen zu schaffen und Strategien hierfür zu entwickeln. Ob und wie gut ihm dies gelingt, hat ebenfalls Einfluss auf den Erfolg seines Unternehmens[79].

Das Unternehmen selbst kann, wie auch der Entrepreneur, nicht unabhängig von der Umwelt betrachtet werden. Während auf die Unternehmung Faktoren wie etwa das Kunden- und Konkurrenzverhalten[80] oder die politischen Rahmenbedingungen einwirken, so können im Bezug auf die Gründerperson primär dessen familiäre und berufliche Herkunft[81] und sein soziales Umfeld[82], als Einflussfaktoren gesehen werden. Letzteres umfasst auch das persönliche Netzwerk des Entrepreneurs[83], also seine persönlichen Kontakte und seine Beziehungen zu den ihn umgebenden Institutionen. Der Erfolg wird dabei sowohl durch die Ausprägung des Netzwerkes, als auch durch dessen Nutzung und Weiterentwicklung beeinflusst.

---

[76] Vgl. *Kollmann* (2004), S.36
[77] Vgl. *Burns* (2001), S.26
[78] Vgl. *Wehling* (2002), S.21
[79] Vgl. *Wehling* (2002), S.73ff
[80] Vgl. *Klandt* (1999), S.7
[81] Vgl. *Wehling* (2002), S.15
[82] Vgl. *Fueglistaller et al.* (2004), S.49 ; *Burns* (2001), S.25
[83] Vgl. *Wehling* (2002), S.19f

Was die Erfolgsrelevanz dieser Faktoren betrifft, ist es genauso wie bei den Persönlichkeitsmerkmalen schwierig, eindeutige Aussagen zu treffen. Faktoren wie das Unternehmenskonzept[84], die ökonomischen Umstände, das soziale Netzwerk oder die Finanzierung einer Unternehmensgründung sind zwar wichtig, sie können aber die Rolle des Gründers nicht ersetzen[85].

# 4 Fazit

Wie in den vorangegangenen Ausführungen deutlich geworden ist, gibt es eine Reihe grundlegender Merkmale, welche als charakteristisch für Entrepreneure eingestuft werden können. Darüber hinaus zeigt sich in der Literatur kaum Einigkeit über die weiteren Charakteristika die einen Entrepreneur kennzeichnen. Dies lässt sich auch darauf zurückführen, dass Unternehmensgründer in ihrer Persönlichkeit individuell sehr verschieden sind und folglich kein idealtypisches Profil existiert.

Was die Erfolgswirksamkeit der Persönlichkeit im Bezug auf eine Unternehmensgründung betrifft, so lassen sich darüber allerdings nur in sehr begrenztem Umfang Aussagen formulieren. Eindeutig ist, dass der Entrepreneur eine bedeutende Rolle im Kontext einer Unternehmensgründung spielt und das er maßgeblich zum Erfolg oder Misserfolg der Gründung beiträgt, nicht aber, wie bedeutend genau sein Beitrag ist, beziehungsweise welchen Anteil sein Persönlichkeitsprofil am Erfolg hat. Deshalb lässt sich die Eingangs gestellte Frage, nach der Auswirkung der Persönlichkeit auf den Erfolg einer Unternehmensgründung nicht abschließend beantworten.

Zudem fehlen zum heutigen Zeitpunkt noch Erkenntnisse, welche sich explizit auf das Persönlichkeitsprofils von E-Entrepreneuren beziehen. Es kann allerdings durchaus davon ausgegangen werden, dass zumindest die in dieser Arbeit dargestellten vier Kernmerkmale, grundsätzlich auch auf die Net Economy übertragbar sind, da sie von sehr allgemeiner Natur, und damit für Unternehmensgründungen generell bedeutsam sind.

---

[84] Vgl. *Gese/Klandt* (2003), S.151
[85] Vgl. *Fueglistaller et al.* (2004), S.30

# Literaturverzeichnis

*Burns, Paul* (2001), Entrepreneurship and Small Business, New York.

*Dieterle, Willi K. M./Winckler, Eike M.* (1990), Unternehmensgründung: Handbuch des Gründungsmanagement, München.

*Fueglistaller, Urs/Müller, Christoph/Volery, Thierry* (2004), Entrepreneurship – Modelle - Umsetzung - Perspektiven, 1.Aufl., Wiesbaden.

*Gese, Silke/Klandt, Heinz* (2003), Anforderungen an Unternehmensgründer in der Net Economy, in *Kollmann, Tobias* (Hrsg.), E-Venture Management – Neue Perspektiven der Unternehmensgründung in der Net Economy, Wiesbaden, S.149-161.

*Hammer, Andreas* (2005), Soll ich mich selbständig machen?, 4.Aufl., München.

*Klandt, Heinz* (1999), Gründungsmanagement: Der integrierte Unternehmensplan, München.

*Kollmann, Tobias* (2004), E-Venture – Grundlagen der Unternehmensgründung in der Net Economy, 1.Aufl., Wiesbaden.

*Wehling, Detlef* (2002), Handbuch für Existenzgründer, 1.Aufl., Berlin.